FRENCH SHORT STORIES

For Beginners

Level 1

Polyglot Resources & Adalyn Faure

© Copyright 2017 by Polyglot Resources
All rights reserved.

This document is geared towards providing exact and reliable information in regards to the topic and issue covered. The publication is sold with the idea that the publisher is not required to render accounting, officially permitted, or otherwise, qualified services. If advice is necessary, legal or professional, a practiced individual in the profession should be ordered.

In no way is it legal to reproduce, duplicate, or transmit any part of this document in either electronic means or in printed format. Recording of this publication is strictly prohibited and any storage of this document is not allowed unless with written permission from the publisher. All rights reserved.

The information provided herein is stated to be truthful and consistent, in that any liability, in terms of inattention or otherwise, by any usage or abuse of any policies, processes, or directions contained within is the solitary and utter responsibility of the recipient reader. Under no circumstances will any legal responsibility or blame be held against the publisher for any reparation, damages, or monetary loss due to the information herein, either directly or indirectly.

The trademarks that are used are without any consent, and the publication of the trademark is without permission or backing by the trademark owner. All trademarks and brands within this book are for clarifying purposes only and are the owned by the owners themselves, not affiliated with this document.

ISBN-13:978-1985395909
ISBN-10:1985395908

1. Bonjour

Key vocabulary:

bonjour	good morning, good day
française	French (female)
dans	in
une maison	a house
un bureau	an office
un chat	a cat
un poisson rouge	a goldfish
blanc	white
noir	black
orange	orange
les souris	the mice
Comment vas-tu ?	How are you?
Je vais bien, et toi ?	I'm well, and you?
merci	thank you
C'est bien.	That's good.
Bon appétit !	Enjoy your meal!

Verbes : / **Verbs:**

s'appeler	to be called
être	to be
avoir	to have
habiter	to live
travailler	to work
chasser	to chase
nager	to swim
aller	to go
manger	to eat

Structures:

je m'appelle	je suis	j'ai	je vais
tu t'appelles	tu es	tu as	tu vas
il s'appelle	il est	il a	il va
elle s'appelle	elle est	elle a	elle va

j'habite	je travaille	je mange
tu habites	tu travailles	tu manges
il habite	il travaille	il mange
elle habite	elle travaille	elle mange

2. un chat – le chat
   un poisson rouge – le poisson rouge
   une maison – la maison

3. Comment vas-tu ? – Je vais bien, et toi ?
   Tu manges un croissant ?

Bonjour. Je m'appelle Delphine, Delphine Ducros.
Good morning. My name is Delphine, Delphine Ducros.

Je suis française.
I am French.

J'ai vingt-cinq ans et j'habite à Paris.
I am twenty-five years old and I live in Paris.

J'habite dans une maison.
I live in a house.

Je travaille dans un bureau.
I work in an office.

J'ai un chat et un poisson rouge.
I have a cat and a goldfish.

Le chat s'appelle Minou. Le poisson rouge s'appelle Cléo.
The cat's name is Minou. The goldfish's name is Cleo.

Minou habite aussi dans la maison. Il habite sur un canapé.
Minou also lives in the flat. He lives on the sofa.

Cléo habite aussi dans la maison. Elle habite dans un bocal.
Cleo also lives in the flat. She lives in a glass bowl.

Minou a cinq ans. Cléo a deux ans.
Minou is five years old. Cleo is two years old.

Minou est blanc et noir. Cléo est orange.
Minou is black and white. Cleo is orange.

Minou travaille dans la maison. Il chasse les souris.
Minou works in the flat. He chases mice.

Cléo travaille dans le bocal. Elle nage.
Cleo works in the glass bowl. She swims.

«Bonjour, Minou. Comment vas-tu ?»
"Good morning Minou. How are you?"

«Miaou.» (Bonjour, Delphine. Je vais bien, et toi ?)
"Meow." (Good morning, Delphine. I'm well, and you?)

«Bonjour, Cléo. Comment vas-tu ?»
"Good morning Cleo. How are you?"

« … » (Bonjour, Delphine. Je vais bien, et toi ?)

"…" *(Good morning, Delphine. I'm well, and you?)*

«Je vais bien. Merci.»
"I'm well. Thank you."

Delphine va bien, Minou va bien, Cléo va bien. C'est bien.
Delphine is well, Minou is well, Cleo is well. That's good.

Delphine mange un croissant.
Delphine is eating a croissant.

«Minou, tu manges un croissant ?»
"Minou, are you eating a croissant?"

« Miaou. » *(Non, je mange une sardine.)*
"Meow." (No, I'm eating a sardine.)

« Cléo, tu manges un croissant ? »
"Cleo, are you eating a croissant?"

« … » *(Non, je mange une larve.)*
"…" (No, I'm eating a larva.)

Bon appétit !
Enjoy your meal!

2. Ma famille

Key vocabulary

la banlieue	the outskirts
le jardin	the garden
l'oiseau / les oiseaux	the bird(s)
le frère	the brother
la sœur	the sister
la femme	the woman, the wife
l'enfant	the child
le fils	the son
la fille	the daughter
l'école	the school
le professeur	the teacher
le chien	the dog

Verbes :   **Verbs:**

regarder	to watch
aimer	to love
jouer	to play
promener	to walk

Structures:

nous sommes	nous allons	nous aimons	nous avons
vous êtes	vous allez	vous aimez	
ils/elles sont	ils/elles vont	ils/elles aiment	ils/elles ont
nous habitons	nous avons		
ils/elles habitent	ils/elles ont		ils/elles s'appellent
		ils/elles travaillent	
nous mangeons	nous regardons		
		nous jouons	

2.	mon chien	ton chien	son chien	notre chien

ma famille	ta famille	sa famille	notre famille
mes enfants	tes enfants	ses enfants	nos enfants

3. un arbre – des arbres
   un enfant – des enfants
   une maison – des maisons
   une famille – des familles
   BUT: un oiseau – des oiseaux

Ma famille, c'est mon chat Minou et mon poisson rouge Cléo.
My family, is my cat Minou and my goldfish Cleo.

Nous habitons dans une jolie maison dans la banlieue de Paris.
We live in a lovely house on the outskirts of Paris.

Nous sommes très contents d'habiter dans cette maison.
We are very happy to live in this house.

Nous avons un jardin avec des arbres et des fleurs.
We have a garden with trees and flowers.

Le weekend, Minou et moi, nous allons dans le jardin et nous regardons les oiseaux dans les arbres.
At the weekend, Minou and I go into the garden and watch the birds in the trees.

En été, nous mangeons dans le jardin. C'est sympa.
In the summer, we eat in the garden. That's nice.

Nous aimons notre jardin et nos amis, les oiseaux.
We love our garden and our friends, the birds.

« Minou, Cléo, vous aimez les oiseaux ? »
"Minou, Cleo, do you love the birds?"

« Miaou ! » (Ah oui !)
"Meow!" (Oh yes!)

« ...» (= Bof !)
"..." (Whatever!)

J'ai aussi un frère et une sœur.
I also have a brother and a sister.

Ils habitent dans le sud de la France, près de Bordeaux.
They live in the south of France, near Bordeaux.

Mon frère s'appelle André. Sa femme s'appelle Nathalie.
My brother's name is André. His wife is called Nathalie.

Ils ont deux enfants, une fille et un fils.
They have two children, a daughter and a son.

Leurs enfants s'appellent Juliette et Lucas. Ils ont huit ans et six ans.
Their children's names are Juliette and Lucas. They are eight and six years old.

André et Nathalie travaillent dans une école. Ils sont professeurs.
André and Nathalie work in a school. They are teachers.

Ils ont aussi un chien. Leur chien s'appelle Fido.
They also have a dog. Their dog is called Fido.

« Vous êtes contents d'avoir un chien ? »
"Are you happy to have a dog?"

« Ah oui ! »
"Oh yes!"

Ma sœur Alice a une fille, Lucie. Elle a quatre ans.
My sister Alice has a daughter, Lucie. She is four years old.

Ma sœur et sa fille habitent dans un petit appartement dans le centre de Bordeaux.
My sister and her daughter live in a small flat in the centre of Bordeaux.

Le samedi, elles vont jouer au parc.
On Saturdays, they go to the park to play.

Lucie va au parc avec son vélo et sa poupée.
Lucie goes to the park with her bike and her doll.

Elles aiment le parc.
They love the park.

« Salut Alice, salut Lucie !
"Hello Alice, hello Lucie!

«Vous allez vous promener au parc ? »
"Are you going for a walk in the park?"

« Oui, nous jouons sur le toboggan. »
"Yes, we are playing on the slide."

3. La maison de Delphine

Key vocabulary
le rez-de-chaussée	the ground floor
le premier étage	the first floor
le salon	the living room
la cuisine	the kitchen
la fenêtre	the window
la porte	the door
le couloir	the hall, the corridor
l'escalier	the stairs
la chambre	the bedroom
la salle de bains	the bathroom

Structures:
1. un petit salon, une petite cuisine
   un grand salon, une grande chambre
   un joli chat, une jolie maison
   un salon lumineux, une chambre lumineuse

2. au rez-de-chaussée **il y a** le salon
   dans le salon **il y a** un canapé
   dans le couloir **il y a** l'escalier

3. la maison **de** Delphine
   la chambre **de** Minou

La maison de Delphine est petite mais très jolie.
Delphine's house is small but very pretty.

Au rez-de-chaussée il y a le salon et la cuisine.
On the ground floor there is the living room and the kitchen.

Le salon est grand et lumineux.
The living room is big and bright.

Il y a une grande fenêtre et deux portes.
There is a big window and two doors.

Une porte va dans le couloir et l'autre dans la cuisine.
One door leads to the hall and the other into the kitchen.

Dans le salon, il y a un canapé, deux fauteuils et une table basse.
In the living room, there is a sofa, two armchairs and a coffee table.

Il y a aussi une étagère avec des livres et une télé.
There is also a shelf with books and a television.

La cuisine est petite.
The kitchen is small.

Elle a une petite fenêtre, un évier, une cuisinière et un frigo.
It has a small window, a sink, a cooker and a fridge.

Dans le couloir il y a l'escalier pour aller au premier étage.
In the hall there are the stairs that lead to the first floor.

Au premier étage, il y a deux chambres et la salle de bains.
On the first floor, there are two bedrooms and the bathroom.

La salle de bains est très petite.
The bathroom is very small.

Dans la salle de bains il y a le WC, le lavabo et la baignoire.
In the bathroom there is the toilet, the wash basin and the bathtub.

La grande chambre est la chambre de Delphine.
The big bedroom is Delphine's bedroom.

Elle est jolie et lumineuse et elle a les rideaux bleus.
It is pretty and bright, and has blue curtains.

Il y a un lit, une armoire, une commode et une coiffeuse.
There is a bed, a wardrobe, a chest of drawers and a dressing table.

La petite chambre est la chambre de Minou.
The small bedroom is Minou's bedroom.

Il y a deux lits et une armoire.
There are two beds and a wardrobe.

Quand le frère ou la sœur de Delphine viennent visiter, ils ont le droit de dormir dans la chambre de Minou.
When Delphine's brother or sister come to visit, they are allowed to sleep in Minou's bedroom.

« Miaoumpff … »
"Meow harrumph …"

4. La journée de Delphine

Key vocabulary:

le matin	the morning
le réveil	the alarm clock
le visage	the face
le petit déjeuner	the breakfast
maintenant	now
le manteau	the coat
la serviette	the briefcase
lourd	heavy
le soir	the evening
Tu as raison.	You are right.
bientôt	soon

Verbes : / Verbs:

sonner	to ring
préparer	to prepare
monter	to go up
regarder	to watch, to look
rentrer	to return home
donner	to give

Structures:

se réveiller	il/elle se réveille	to wake up
se lever	il/elle se lève	to get up
se laver	il/elle se lave	to wash
se brosser les dents	il/elle se brosse les dents	to brush one's teeth
s'habiller	il/elle s'habille	to get dressed
s'asseoir	il/elle s'assoit	to sit down
s'endormir	il/elle s'endort	to fall asleep
se déshabiller	il/elle se déshabille	to undress
se coucher	il/elle se couche	

3. tu **ne** peux **pas**   you can't
   ce **n'**est **pas**   it isn't

Il est sept heures du matin.
It is seven o'clock in the morning.

Le réveil sonne. Delphine se réveille.
The alarm clock is ringing. Delphine wakes up.

Elle éteint le réveil et se lève.
She switches the alarm clock off and gets up.

Elle va dans la salle de bains et se lave le visage.
She goes to the bathroom and washes her face.

Puis elle descend les escaliers et va dans la cuisine.
Then she goes down the stairs and into the kitchen.

Delphine prépare le café et met un croissant dans le four.
Delphine makes coffee and puts a croissant into the oven.

Elle boit le café et mange son petit déjeuner.
She drinks the coffee and eats her breakfast.

Elle monte les escaliers et va dans la salle de bains.
She goes upstairs and into the bathroom.

Là, elle prend une douche, se brosse les dents et s'habille.
There, she has a shower, brushes her teeth and gets dressed.

Maintenant, il est huit heures.
It is now eight o'clock.

Delphine met son manteau, prend sa serviette et veut sortir de la maison.
Delphine puts her coat on, takes her briefcase and goes to leave the house.

Mais la serviette est très lourde. Pourquoi ?
But the briefcase is very heavy. Why?

Delphine regarde dans la serviette. Il y a Minou !
Delphine looks into the briefcase. There is Minou!

Le chat dort dans la serviette de Delphine !
The cat is asleep in Delphine's briefcase!

« Sors, Minou ! » dit Delphine, « Tu ne peux pas dormir dans ma serviette.
"Get out, Minou!" Delphine says, "You can't sleep in my briefcase.

«Je dois aller au travail ! »
"I must go to work!"

Le chat se réveille. Il sort de la serviette.
The cat wakes up. He gets out of the briefcase.

Maintenant Delphine peut aller au travail.
Now Delphine can go to work.

- - -

Il est six heures du soir.
It is six o'clock in the evening.

Delphine rentre du travail.
Delphine comes home from work.

Elle est fatiguée.
She is tired.

« Miaou ! »
"Meow!"

« Bonsoir Minou ! Bonsoir Cléo ! »
"Good evening Minou! Good evening Cléo!"

« … »
"…"

Delphine donne à manger au chat et au poisson rouge.
Delphine feeds the cat and the goldfish.

Puis elle prépare son dîner : du poulet et des pommes de terre.
Then she prepares her dinner: chicken and potatoes.

Elle s'assoit à table et mange.
She sits down at the table and eats.

Après, elle regarde la télé.
Then she watches television.

Minou regarde aussi la télé.
Minou watches television as well.

Il s'endort.

He goes to sleep.

« Ah Minou. Ce programme n'est pas intéressant ? »
"Oh Minou. Is the programme not interesting?"

Minou dort.
Minou is asleep.

« Tu as raison. Moi aussi, je vais aller dormir. »
"You are right. I am going to go to bed as well."

Delphine éteint la télé et monte les escaliers.
Delphine switches the television off and goes upstairs.

Elle se déshabille, se brosse les dents et se couche.
She undresses, brushes her teeth and goes to bed.

Bientôt, elle s'endort aussi.
Soon she falls asleep as well.

5. Les loisirs de Delphine

Key Vocabulary:
après	after
à midi	at midday
la copine	the female friend
sympa	nice, enjoyable
gentil	nice, kind, friendly
le centre commercial	shopping centre
meilleur(e)	best
l'ami(e)	friend (male/female)
il fait beau	the weather is good
la natation	swimming

Verbes : / Verbs:
se tenir en forme	to keep fit
retrouver	to meet up with
adorer	to love
bavarder	to chat
rester	to stay, to remain
faire les courses	to go shopping
s'amuser	to have fun

Structures:
1. Expressing frequency:

chaque lundi	every Monday
le mardi	on Tuesdays
souvent	often
jamais	never
généralement	generally
toujours	always
d'habitude	usually
une fois par mois	once a month
toute la journée	all day
quand il fait beau	when the weather is

	de temps en temps	good
	quelquefois	now and again
	continuellement	sometimes
		continuously

2. <u>Expressing opinion:</u>
   C'est fatigant.
   C'est sympa.   It's tiring.
   Ce n'est pas très   It's nice. It's
   intéressant.   enjoyable.
   C'est relaxant.   It's not very
   C'est difficile.   interesting.
   C'est bien.   It's relaxing.
                             It's difficult.

3. <u>à + article:</u>   It's good.
   au club de gym
   au café
   au centre commercial
   au cinéma

   à la maison
   à une classe
   à sa mère

Chaque lundi après le travail, Delphine va au club de gym pour se tenir en forme.
Every Monday after work, Delphine goes to the gym in order to keep fit.

C'est fatigant mais elle aime ça.
It is tiring, but she loves it.

Souvent, le mardi à midi, elle retrouve ses copines au café.
On Tuesday lunchtimes, she often meets with her friends at the café.

C'est sympa et elles adorent bavarder !
It's nice and they love chatting.

Le mercredi soir, elle ne sort jamais.
On Wednesday evenings, she never goes out.

Elle reste à la maison et regarde la télé.
She stays at home and watches television.

Ce n'est pas très intéressant mais c'est relaxant.
That is not very interesting but it's relaxing.

Le jeudi, généralement, elle va à une classe d'espagnol à huit heures du soir.
On Thursdays, she generally goes to a Spanish class at eight o'clock in the evening.

C'est difficile, mais le professeur est très gentil.
It is difficult, but the teacher is very nice.

Le vendredi soir, elle téléphone toujours à sa mère à Grenoble.
On Friday nights, she always phones her mother in Grenoble.

C'est bien de parler avec maman.
It is good to talk with mum.

D'habitude, le samedi matin, elle fait les courses au centre commercial.
Usually, on Saturday mornings, she goes shopping at the shopping centre.

C'est ennuyeux mais nécessaire.
That is boring but necessary.

Une fois par mois, le samedi soir, elle va au cinéma avec sa meilleure amie Sylvie.
Once a month, on Saturday night, she goes to the cinema with her best friend Sylvie.

Elles s'amusent bien.
They have a lot of fun.

Et le dimanche, quand il fait beau, elle fait du footing au Bois de Vincennes.

And on Sundays, she goes jogging in the Bois de Vincennes park if the weather is good.

Et Minou ?
And Minou ?

Il pratique des positions de repos sur le canapé toute la journée.
He practices resting positions on the sofa all day.

Mais de temps en temps, il inspecte la cuisine pour voir s'il y a une souris derrière le frigo ou sous l'évier.
But now and again, he inspects the kitchen, to see if there is a mouse behind the fridge or under the sink.

Quelquefois, il y a une souris dans la cuisine.
Sometimes, there is a mouse in the kitchen.

Minou aime jouer avec les souris, mais les souris n'aiment pas jouer avec Minou.
Minou likes to play with mice, but the mice don't like to play with Minou.

La personne la plus sportive dans toute la maison est Cléo.
The sportiest person in the whole house is Cléo.

Elle fait de la natation continuellement !
She practices swimming continuously!

6. Delphine sort

Key Vocabulary:

elle-même	herself
les rideaux	the curtains
le peignoir	the bathrobe
la robe	the dress
jolie	pretty (feminine)
belle	beautiful (feminine)
il vaut mieux	it is better
le collier d'or	the gold necklace
les chaussures	the shoes
les boucles d'oreilles	the earrings
le sac	the (hand)bag
Ce n'est pas grave.	It doesn't matter.
J'ai faim.	I'm hungry.

Verbes : / Verbs:

poser	to place
enlever, elle enlève	to take off
aller chercher	to pick up
donner à manger	to feed
fermer	to close
arroser	to water
se sécher, elle se sèche	to dry
brosser	to brush
sonner	to ring
raccrocher	to hang up

Structures:

Near future:

Elle va sortir.	She is going to go out.
Ils vont aller.	They are going to go.
Je vais venir.	I am going to come.

Adjectives
son peignoir **blanc**
un restaurant **chic**   masculine singular
son sac **noir**

la robe **bleue**
la robe **rouge**   feminine singular
la robe **noire**

ses cheveux **longs**   masculine plural

ses chaussures **noires**   feminine plural

But
son **petit** sac   "grand" and "petit"
sa **petite** robe   stand **before** the noun
le **grand** miroir

Il est six heures. Delphine rentre du travail.
It is six o'clock. Delphine comes home from work.

Elle pose sa serviette sur la chaise et enlève son manteau.
She places her briefcase on the chair and takes her coat off.

Mais elle ne prépare pas de dîner pour elle-même.
But she doesn't prepare dinner for herself.

Ce soir, Delphine va sortir avec son ami Kevin.
Tonight, Delphine is going out with her friend Kevin.

Ils vont aller au restaurant.
They are going to a restaurant.

Il va venir la chercher à sept heures.
He is going to come and pick her up at seven o'clock.

Il est six heures cinq.
It is five past six.

Delphine donne à manger à Minou et ferme les rideaux dans la cuisine.

Delphine feeds Minou and closes the curtains in the kitchen.

« Miaou ! » (Merci, Delphine !)
"Meow!" (Thank you, Delphine!)

Il est six heures dix.
It is ten past six.

Delphine donne à manger à Cléo et arrose les plantes dans le salon.
Delphine feeds Cléo and waters the plants in the living room.

« ... » (Merci, Delphine.)
"…" (Thank you, Delphine.)

Il est six heures et quart.
It is quarter past six.

Delphine monte les escaliers et va dans la salle de bains.
Delphine goes upstairs and into the bathroom.

Il est six heures vingt.
It is twenty past six.

Delphine se douche, se sèche et se met son peignoir blanc.

Delphine showers, dries herself and puts her white bathrobe on.

Il est six heures et demie.
It is half past six.

Delphine va dans sa chambre et ouvre son armoire.
Delphine goes into her bedroom and opens her wardrobe.

Qu'est-ce qu'elle va mettre ?
What is she going to wear?

La robe bleue est jolie, et la robe rouge est belle aussi.
The blue dress is pretty, and the red dress is beautiful as well.

Mais ils vont dans un restaurant très chic.
But they are going to a very elegant restaurant.

Il vaut mieux mettre la petite robe noire.
It is better if she wears the little black dress.

Il est sept heures moins vingt.
It is twenty to seven.

Delphine s'habille.
Delphine gets dressed.

Elle met la robe noire et un collier d'or.
She puts on the black dress and a gold necklace.

Il est sept heures moins le quart.
It is quarter to seven.

Elle met ses chaussures noires.
She puts on her black shoes.

Elle se regarde dans le grand miroir et se brosse les cheveux longs
She looks at herself in the big mirror and brushes her long hair.

Il est sept heures moins dix.
It is ten to seven.

Elle met ses boucles d'oreille de perles et un peu de parfum.
She puts on her pearl earrings and a little perfume.

Il est sept heures moins cinq.
It is five to seven.

Delphine prend son petit sac noir et descend les escaliers.

Delphine takes her small black handbag and goes down the stairs.

Le téléphone sonne.
The phone rings.

C'est Kevin.
It's Kevin.

« Salut Delphine. Je suis désolé mais j'ai un problème au travail. Je vais venir te chercher à sept heures et demie. »
"Hello Delphine. I'm sorry, but I have a problem at work. I'll come and pick you up at half past seven."

« Ce n'est pas grave. A toute à l'heure. »
"That doesn't matter. See you later."

Delphine raccroche.
Delphine hangs up.

« J'ai faim ! »
"I'm hungry!"

7. Delphine prend le bus

Key Vocabulary:

les couloirs du métro	the passages of the underground
l'heure de pointe	the rush hour
les gens	the people
l'arrêt de bus	the bus stop
vieille	old (feminine)
une école de langues	a language school
près de	near
le billet	the ticket
un abonnement mensuel	a monthly pass/subscription
jusqu'à	until, as far as
la pause déjeuner	the lunch break
bien sûr	of course
la semaine	the week

Verbes : Verbs:

sentir	to smell, to hear, to feel
voir	to see
se trouver	to be situated
partir	to leave
attendre	to wait
parler	to speak, to talk
laisser	to let, to leave
acheter	to buy
durer	to last, to take (time)

Delphine va au travail en bus.
Delphine goes to work by bus.

Elle n'aime pas aller en métro.
She doesn't like going by underground.

Les couloirs du métro sont trop longs et il y a trop de monde à l'heure de pointe.
The underground passages are too long and there are too many people during the rush hour.

En plus, ça ne sent pas bon dans le métro.
Besides, it doesn't smell nice in the underground.

Du bus, elle peut voir les rues, les maisons et les gens.
From the bus, she can see the streets, the houses and the people.

L'arrêt de bus se trouve à cinq minutes à pied de sa maison.
The bus stop is five minutes on foot from her house.

Son bus part à huit heures et quart du matin.
Her bus leaves at quarter past eight in the morning.

D'habitude, elle arrive à l'arrêt de bus à huit heures cinq.
Usually, she arrives at the bus stop at five past eight.

Elle attend avec quatre ou cinq autres personnes.
She waits with four or five other people.

Il y a souvent la vieille Laurence qui va en ville pour visiter sa sœur.
There is often old Laurence who is going into town to visit her sister.

Et tous les mardis et jeudis, il y a Victor, un professeur de russe qui travaille dans une
And every Tuesday and Thursday, there is Victor, a Russian teacher who works in a

école de langues près de l'Opéra.
language school near the opera house.

Delphine aime parler avec Laurence et Victor.
Delphine likes talking to Laurence and Victor.

Quand le bus arrive, ils laissent descendre les gens et puis ils montent dans le bus.
When the bus arrives, they let the people get off and then they get on the bus.

Delphine n'achète pas de billet.
Delphine doesn't buy a ticket.

Elle a un Passe Navigo, un abonnement mensuel pour prendre tous les bus de Paris.
She has a Navigo Pass, a monthly pass that allows her to use all the busses in Paris.

C'est pratique.
That's handy.

Le voyage jusqu'au bureau de Delphine dure quarante minutes.
The journey to Delphine's office takes forty minutes.

Elle change de bus à la Place d'Italie.
She changes busses at the Place d'Italie.

Son bureau se trouve Boulevard Saint Michel, près du Jardin du Luxembourg.
Her office is situated on Boulevard Saint Michel, near the Jardin du Luxembourg.

Le Jardin du Luxembourg est très joli.
The Jardin du Luxembourg is very pretty.

Delphine y va souvent pendant sa pause déjeuner.

Delphine often goes there during her lunch break.

Il y a des arbres, des fontaines, beaucoup de fleurs et, bien sûr, le Palais du Luxembourg.
There are trees, fountains, lots of flowers and of course the Palais du Luxembourg.

Demain, Delphine ne va pas aller au bureau. C'est samedi.
Tomorrow Delphine is not going to the office. It's Saturday.

Elle va prendre un autre bus pour aller au supermarché.
She is going to catch a different bus to the supermarket.

Elle va faire les courses pour la semaine.
She is going to do the shopping for the week.

Elle va acheter du pain, du lait, de la farine, des céréales, des pâtes, des tomates,
She is going to buy bread, milk, flour, cereals, pasta, tomatoes,

des carottes, des mouchoirs en papier et, bien sûr, de la nourriture pour chat.
carrots, paper tissues and, of course, cat food.

8. Delphine fait du shopping

Key Vocabulary:

des vêtements	the clothes
le pantalon	the trousers
la jupe	the skirt
plusieurs	several
le magasin	the shop
la taille	the size
trop	too (much)
les jambes	the legs
un peu	a little
la vendeuse	the shop assistant, sales woman
les yeux	the eyes
l'un ...... l'autre	one …. the other
seulement	only

Verbes : Verbs:

traverser	to cross
essayer	to try
retourner	to return
trouver	to find
aider	to help
demander	to ask
chercher	to look for
s'en aller, elle s'en va	to go away
revenir, elle revient	to come back
coûter	to cost

Structure:

<u>Adjectives:</u>

court, -e	short
long, -ue	long
serré, -e	tight
large, -	wide

foncé, -e	dark
cher, chère	expensive
content, -e	content

<u>Adjectives that don't change:</u>

bleu marine (2 adjectives together)	navy-blue
vert foncé	dark green
marron (nouns used as adjectives)	chestnut brown
bordeaux	burgundy red

Adjectives that go in front:	beautiful
beau, belle; beaux, belles	
nouveau, nouvelle	new

<u>Modal verbs:</u>

vouloir – elle veut acheter	to want
devoir – elle doit prendre	to have to
pouvoir – je peux aider	to be able to

très beau
un peu trop court
un peu serré
un peu cher

Delphine veut acheter de nouveaux vêtements :
Delphine wants to buy new clothes:

un nouveau pantalon et peut-être une nouvelle jupe.
new trousers and perhaps a new skirt.

Elle va dans le centre de Paris, dans la rue de Rivoli.
She goes into the centre of Paris, to the rue de Rivoli.

Pour y arriver, elle doit prendre plusieurs bus.
To get there, she has to catch several busses.

Paris est très grand et les boulevards sont très beaux.
Paris is very big, and the boulevards are very beautiful.

La rue de Rivoli est près de la Seine, la belle rivière qui traverse la ville.
The rue de Rivoli is close to the Seine, the beautiful river that flows through the city.

Dans la rue de Rivoli, il y a beaucoup de magasins.
In the rue de Rivoli there are many shops.

Delphine entre dans un magasin de vêtements pour femme.
Delphine enters a women's clothes shop.

Elle regarde les pantalons. Il y a un beau pantalon bleu marine dans sa taille.
She looks at the trousers. There is a beautiful navy-blue pair of trousers in her size.

Et il y a aussi un pantalon vert foncé.
And there is also a dark green pair of trousers.

Elle aime bien les deux.
She likes both.

Elle les prend et va aux cabines d'essayage.
She takes them and goes to the fitting rooms.

Elle essaie le pantalon bleu. Il est un peu trop court.
She tries the blue pair of trousers on. It is a little too short.

Delphine a les jambes longues.
Delphine has long legs.

Elle essaie le pantalon vert. Il est un peu serré.
She tries the green pair of trousers on. It is a little tight.

Elle retourne les pantalons au portant et va regarder les jupes.
She takes the trousers back to the rail and goes to look at the skirts.

Elle trouve une jolie jupe droite bleu foncé.
She finds a pretty straight dark blue skirt.

Elle va l'essayer. La jupe est un peu trop large.
She goes to try it on. The skirt is too wide.

« Je peux vous aider ? » demande une voix aimable.
"Can I help you?" asks a friendly voice.

C'est la vendeuse.
It's the shop assistant.

« Je cherche un pantalon ou une jupe de couleur foncée, taille quarante. »
"I am looking for a dark coloured pair of trousers or skirt, size forty."

La vendeuse s'en va.
The shop assistant goes away.

Elle revient avec deux jupes et deux pantalons.
She comes back with two skirts and two pairs of trousers.

Une jupe est marron, et l'autre est grise.
One skirt is brown and the other is grey.

Delphine n'aime pas la jupe grise. C'est une couleur triste.
Delphine doesn't like the grey skirt. It's a sad colour.

Elle essaie la jupe marron. Elle lui va bien.
She tries the brown skirt on. It fits her well.

Elle va avec la couleur de ses yeux. Delphine a les yeux marron.
It goes with the colour of her eyes. Delphine has brown eyes.

Mais elle coûte trente-cinq euros. C'est un peu cher.
But it costs thirty-five euros. That's a little expensive.

Delphine regarde les deux pantalons.
Delphine looks at the two pairs of trousers.

L'un est bordeaux, l'autre est noir.
One is burgundy coloured, the other is black.

Elle ne veut pas de pantalon noir. Elle a déjà trop de vêtements noirs.
She doesn't want a black pair of trousers. She has already too many black clothes.

Mais le pantalon bordeaux est très joli.
But the burgundy pair is very pretty.

Il lui va bien et il coûte seulement vingt euros.
It fits her well and costs only twenty euros.

Delphine l'achète. Elle est contente.
Delphine buys it. She is happy.

9. Pour aller à Notre Dame, s'il vous plaît

Key Vocabulary:

Le soleil brille.	The sun is shining.
Il fait doux.	It is mild weather
la rue	the street
le banc	the bench
à côté de	next to
jeune	young
l'autre côté	the other side
la place	the square, the place
le pont	the bridge
tout droit	straight ahead
pas loin	not far
le serveur	the waiter
un verre d'eau	a glass of water
le bureau de poste	the post office
il y en a un	there is one
vrai	true
un carnet de timbres	a booklet of stamps
japonais	Japanese
à droite	right
à gauche	left
toujours	always, still
le monsieur	the gentleman

Verbes : / **Verbs:**

s'approcher	to step up to, to approach
indiquer	to point to
traverser	to cross
avoir envie de	to fancy, to feel like
commander	to order
payer, elle paie (paye)	to pay
réfléchir	to think (about)
manquer	to miss
répéter	to repeat
comprendre	

se demander   to understand
     to ask oneself

Structures:

<u>Phrases de politesse</u>   <u>Polite phrases</u>
Excusez-moi.   Excuse me
s'il vous plaît   please
Merci (beaucoup).   Thank you (very much).
De rien.   You're welcome.
A votre service.   At your service.
Bonne journée.   Have a good day.
Pardon ?   Pardon?

<u>Phrases utiles</u>   <u>Useful phrases</u>
Vous pouvez répéter,   Can you repeat that,
s'il vous plaît.   please.
Parlez plus lentement,   Speak more slowly,
s'il vous plaît.   please.

le premier, la première   the first
le/la deuxième   the second
le/la troisième   the third
le/la quatrième   the fourth
etc.   etc.

<u>Impératif, forme de politesse</u>   <u>Imperative, polite form</u>
Traversez !   Cross!
Continuez !   Continue!
Prenez !   Take!
Parlez !   Speak!

Delphine sort du magasin de vêtements.
Delphine comes out of the clothes shop.

Le soleil brille et il fait doux.
The sun shines and the weather is mild.

Elle continue sur la rue de Rivoli jusqu'à l'Hôtel de Ville.
She continues on the rue de Rivoli and arrives at the Hôtel de Ville.

Là, elle s'assoit sur un banc à côté de la fontaine.
There, she sits down on a bench next to the fountain.

Une jeune touriste s'approche.
A young female tourist goes up to her.

« Excusez-moi. Pour aller à la cathédrale de Notre Dame, s'il vous plaît ? »
"Excuse me. How do I get to the Notre Dame cathedral, please?"

Delphine indique l'autre côté de la place.
Delphine points to the other side of the square.

« Traversez la Place de l'Hôtel de Ville, puis traversez le pont, continuez tout droit, et

"Cross the Hôtel de Ville square, then cross the bridge, continue straight ahead and

la cathédrale est sur votre gauche. »
the cathedral is on your left."

« Merci beaucoup. »
"Thank you very much."

« De rien, Madame. »
"You're welcome."

Delphine a envie d'un café.
Delphine fancies a coffee.

Il y a un bar pas loin de l'Hôtel de Ville dans la rue des Archives.
There is a café not far from the Hôtel de Ville in the Rue des Archives.

Elle y va et s'assoit sur la terrasse.
She goes there and sits down on the terrace.

Le serveur arrive et Delphine commande un café et un verre d'eau.
The waiter arrives, and Delphine orders a coffee and a glass of water.

Elle boit son café et son verre d'eau.
She drinks her coffee and her glass of water.

Le serveur revient, Delphine paie et lui demande :
The waiter comes back, Delphine pays and asks him:

« Excusez-moi, est-ce qu'il y a un bureau de poste près d'ici ? »
"Excuse me, is there a post office near here?"

« Il y en a un dans l'Hôtel de Ville. »
"There is one in the Hôtel de Ville."

« Ah oui, c'est vrai. Merci. »
"Ah yes, that's true. Thank you."

« A votre service, Madame. Merci et bonne journée. »
"At your service. Thank you and have a good day."

Alors Delphine retourne à l'Hôtel de Ville.
So, Delphine returns to the Hôtel de Ville.

Elle entre dans le bureau de poste et achète un carnet de timbres.
She goes into the post office and buys a booklet of stamps.

Elle sort. Un touriste japonais s'approche.

She comes out. A Japanese tourist steps up to her.

« Excusez-moi. Le Centre Pompidou, s'il vous plaît. »
"Excuse me. The Centre Pompidou, please."

Delphine réfléchit.
Delphine thinks.

« Prenez la première à droite et puis la troisième ou la quatrième à gauche.
"Take the first right and then the third on the fourth left.

Vous ne pouvez pas le manquer. »
You can't miss it."

« Pardon ? » Le touriste japonais ne comprend pas.
"Pardon?" The Japanese tourist doesn't understand.

« Vous pouvez répéter, s'il vous plaît. »
Can you repeat that, please?"

Delphine répète : « Prenez la première rue à droite et puis la troisième à gauche. »
Delphine repeats: "Take the first street right and then the third left."

Le monsieur ne comprend toujours pas.
The gentleman still doesn't understand.

« Parlez plus lentement, s'il vous plaît. »
"Speak more slowly, please."

Delphine répète plus lentement.
Delphine repeats more slowly.

« Ah merci. » Le monsieur japonais s'en va.
"Ah, thank you." The Japanese gentleman goes away.

Delphine se demande s'il va trouver le Centre Pompidou.
Delphine asks herself if he is going to find the Centre Pompidou.

10. Au zoo

Key Vocabulary :

chez Delphine	at Delphine's house
ensemble	together
aujourd'hui	today
une demi-heure	half an hour
où ?	where?
Tu as raison.	You are right.
permis	allowed
le singe	the monkey
rigolo	funny
la glace	the ice cream
s'il te plaît	please (familiar form)
le moineau	the sparrow

Verbes : / **Verbs:**

adorer	to love
continuer	to continue
venir, elle vient	to come, she comes

Structures :

Le pronom directe : / The direct pronoun:

je **le** vois	I see **it/him**.
je **la** vois	I see **it/her**.
je **les** adore	I love **them**.

Le pronom indirecte : / The indirect pronoun:

tu **m'**achètes	Are you buying **me**
je vais **lui** donner	I'll give (to) **him/her/it**
je vais **leur** donner	I'll give (to) **them**

L'impératif familier : / The imperative (familiar form)

regarde !

viens !
prends !
assieds-toi !

look!
come!
take!
sit down!

Les prépositions de position :
à Paris
chez Delphine
dans le Bois de Vincennes
derrière les arbres
à côté des singes
sur le banc
sous le banc

Prepositions of position:
in Paris
at Delphine's house
in the Bois de Vincennes
behind the trees
next to the monkeys
on the bench
under the bench

La sœur de Delphine, Alice, est à Paris chez Delphine avec sa fille, Lucie.
Delphine's sister, Alice, is in Paris at Delphine's house with her daughter Lucie.

Elles vont passer trois jours ensemble.
They are going to spend three days together.

Aujourd'hui, elles vont au zoo.
Today, they are going to the zoo.

Il y a un beau zoo dans le Bois de Vincennes,
There is a beautiful zoo at the Bois de Vincennes,

à une demi-heure en bus de la maison de Delphine.
half an hour by bus from Delphine's house.

Lucie adore le zoo.
Lucie loves the zoo.

« Regarde maman, il y a un grand chat. »
"Look, mummy, there is a big cat."

« Où, ma chérie ? Je ne le vois pas. »
"Where, my darling? I don't see it."

« Là, derrière les arbres. »
"There, behind the trees."

« Ah, je le vois. C'est un léopard.
"Ah, I see it. It's a leopard.

Mais tu as raison. Le léopard est comme le grand cousin de nos chats. »
But you are right. The leopard is like the big cousin of our cats."

« Il est beau. Tu le vois, tatie Delphine ? »
"It's beautiful. Do you see it, auntie Delphine?"

« Oui, Lucie, je le vois. »
"Yes, Lucie, I see it."

« Je vais lui donner une pomme. »
"I'll give it an apple."

« Non, Lucie, tu ne peux pas lui donner une pomme.
"No, Lucie, you can't give it an apple.

Les léopards ne mangent pas de pommes.
Leopards don't eat apples.

Et ce n'est pas permis de donner à manger aux animaux. »
And feeding the animals are not allowed."

Elles continuent leur chemin et regardent les autres animaux.
They continue on their way and look at the other animals.

« Regarde maman, il y a un drôle d'oiseau énorme avec le cou très long ! »
"Look mummy, there is a strange, enormous bird with a very long neck!"

« C'est une autruche. Elle vient d'Afrique. C'est très loin d'ici. »
"It's an ostrich. It comes from Africa. That's very far away."

« Tatie Delphine, tu vois la 'truche ? »
"Auntie Delphine, do you see the 'trich?"

« Oui, je la vois. C'est une autruche. »
"Yes, I see it. It's an ostrich."

« Elle est rigolote. Je vais lui donner une pomme. »
"It is funny. I'll give it an apple."

« Non Lucie, ce n'est pas permis de donner à manger aux animaux. »
"No Lucie, feeding the animals are not allowed."

Elles continuent leur chemin.

They continue on their way.

« Regarde maman, les singes !
"Look mummy, the monkeys!

Je les adore ! Ils sont rigolos. Je vais leur donner une pomme. »
I love them! They are funny. I'll give them an apple."

« Lucie, ma chérie. Je te dis que ce n'est pas permis de donner à manger aux animaux ! »
"Lucie, my darling. I'm telling you, feeding the animals are not allowed!"

« Viens, Lucie, il y a un marchand de glaces là-bas, à côté des singes. Tu veux une glace ? »
"Come, Lucie, there is an ice cream seller over there, next to the monkeys. Do you want an ice cream?"

« Oui, tatie Delphine. Tu m'achètes une glace au chocolat ? »
"Yes, auntie Delphine. Are you buying me a chocolate ice cream."

Alice la regarde : « Lucie, chérie, qu'est-ce qu'on dit ? »
Alice looks at her: "Lucie, darling, what do you say?"

« S'il te plaît, tatie Delphine. »
"Please, auntie Delphine."

Delphine lui achète une glace au chocolat :
Delphine buys her a chocolate ice cream:

« Voilà. Prends ta glace et assieds-toi sur le banc. »
"Here. Take your ice cream and sit down on the bench."

« Regarde, il y a un petit oiseau sous le banc. »
"Look, there is a little bird under the bench."

« C'est un moineau. Tu veux lui donner un peu de ton cornet ? »
"It's a sparrow. Do you want to give it a bit of your ice cream cone?"

« Mais tatie, ce n'est pas permis de donner à manger aux animaux ! »
"But auntie, feeding the animals are not allowed!"

11. Les vacances d'été

Key Vocabulary:

assis, assise	sitting
fatigué, fatiguée	tired
vraiment	really
la journée	the day
la galette de sarrasin	the buckwheat pancake
une histoire	a story
avant de	before (+ verb)
la cacahuète	the peanut
les vacances	the holidays
le pêcheur	the fisherman
le toit	the roof
la fenêtre	the window
la plage	the beach
le coquillage	the shell
la boîte	the box
la mouette	the seagull
la blessure	the injury
le plat	the dish
le château	the castle
gentil, gentille	nice, friendly

Verbes : / Verbs:

raconter	to tell
rêver	to dream
passer	to spend time
aider	to help
remplacer	to replace
nettoyer	to clean
défricher	to clear (garden, land)
ramener	to bring/take back
sauver	to save
soigner	to treat, to take care of
cuisiner	to cook

Structures:

Le passé composé des verbes en -er
(The past tense/present perfect of the verbs ending in -er)

aimer	elle a aimé	she loved
manger	elles ont mangé	they ate
préférer	elle a préféré	she preferred
raconter	elle a raconté	she told
passer	elles ont passé	they spent time
acheter	il a acheté	he bought
aider	nous avons aidé	we helped
etc.	etc.	

joli	c'est joli (m. sg.)
beau	ils sont beaux (m. pl.)
fatigué	elle est fatiguée (f. sg.)
vieux	elle est vieille (f. sg.)
gentil	elle est gentille (f. sg.)
assis	elles sont assises (f. pl.)

Les prépositions de temps	Prepositions of time
après	after
avant (de)	before (+ verb)
il y a	ago
depuis	since, for
pendant	during

C'est le soir. Delphine et Alice sont assises dans le salon.
It is evening. Delphine and Alice are sitting in the living room.

Lucie dort. Elle est très fatiguée après la journée au zoo.
Lucie is asleep. She is very tired after a day at the zoo.

Elle a vraiment aimé voir tous les animaux.
She really liked seeing all the animals.

Après la visite au zoo, les trois jeunes dames ont mangé des crêpes au restaurant.
After the visit to the zoo, the three young ladies ate crêpes at the restaurant.

Delphine et Alice ont mangé des galettes de sarrasin avec du jambon et du fromage.
Delphine and Alice ate buckwheat pancakes with ham and cheese.

Lucie a préféré une crêpe sucrée avec du chocolat.
Lucie preferred a sweet crêpe with chocolate.

De retour à la maison, Alice a raconté une petite histoire à Lucie avant de la mettre au lit.

Back at home, Alice told Lucie a little story before putting her to bed.

Maintenant, Lucie dort et rêve des léopards, des autruches et des singes.
Now Lucie is dreaming of leopards, ostriches and monkeys.

Delphine ouvre une bouteille de vin et sert des cacahuètes et des biscuits salés.
Delphine opens a bottle of wine and serves peanuts and salty biscuits.

Les deux sœurs parlent de leurs vacances d'été.
The two sisters are talking about their summer holidays.

Alice et Lucie ont passé deux semaines chez l'oncle Tierry en Bretagne.
Alice and Lucie spent two weeks at uncle Tierry's in Brittany.

« L'oncle Tierry a acheté une vieille maison de pêcheurs il y a trois mois,
"Uncle Tierry bought an old fisher house three months ago,

et nous l'avons aidé à la rénover.
and we helped him renovate it.

Nous avons réparé le toit, remplacé les fenêtres et nettoyé la maison.
We repaired the roof, put in new windows and cleaned the house.

Nous avons aussi défriché le jardin et planté des fleurs.
We also cleared the garden and planted flowers.

Lucie a aidé aussi, bien sûr.
Lucie helped as well, of course.

Et elle a joué sur la plage.
And she played on the beach.

Elle a trouvé beaucoup de coquillages et même une étoile de mer.
She found a lot of shells and even a starfish.

Nous avons ramené une grande boite pleine de trésors de la mer à la maison.
We brought a big box full of treasures from the sea back home.

Un jour, l'oncle Tierry a sauvé une mouette blessée.
One day, uncle Tierry saved an injured seagull.

Il a porté l'oiseau à la maison et nous lui avons donné à manger et à boire.

He carried the bird home and we gave it (food) to eat and to drink.

L'oncle Tierry a soigné la blessure. »
Uncle Tierry treated its injury."

Delphine a passé une semaine chez les parents à Grenoble.
Delphine spent a week at the parents' house in Grenoble.

« Maman a cuisiné mon plat préféré : la ratatouille niçoise.
"Mum cooked my favourite dish: ratatouille niçoise.

Papa m'a montré les photos de leurs dernières vacances en Espagne.
Dad showed me the photos of their last holiday in Spain.

J'ai visité le château de Vizille et ses beaux jardins.
I visited Vizille castle and its beautiful gardens.

C'est vraiment joli.
It's really pretty.

J'ai envoyé des cartes postales à toute la famille et à tous les collègues du bureau.
I sent postcards to the whole family and to all the colleagues at the office.

On a aussi été voir la tante Marie à Valence.
We also went to see aunt Marie in Valence.

Elle est très vieille et très gentille.
She is very old and very nice.

Elle habite dans une maison de retraite depuis trois ans.
She has been living in an old people's home for three years.

Mais elle est très contente.
But she is very happy.

Elle fait des promenades dans le jardin pendant toute la journée. »
She walks in the garden (during) the whole day.

12. Un rêve bizarre

Key Vocabulary:

le rêve	the dream
bizarre	strange
tôt	early
le quai	the platform
le costume	the suit
la cravate	the tie
la marche	the step (of stairs)
la clé	the key
tout à coup	suddenly
beaucoup	a lot
l'ordinateur	the computer
le patron	the boss
pourquoi	why
la mémoire	the memory

Verbes :	Verbs:
rire	to laugh
aller chercher	to pick up
attendre	to wait
être vêtu	to be dressed
saluer	to greet
rentrer	to return home
se plaindre	to complain
penser	to think
se retrouver	to find oneself (suddenly)
se retourner	to turn around

Structures:
Le passé composé avec « être » (the past tense with "être")
a) verbs of movement

arriver   Le train est arrivé   The train arrived

partir	il est parti		he left
aller	elle est allée		she went
descendre	elle est descendue		she went down
sortir	elle est sortie		she went out
rentrer	ils sont rentrés		they returned home
monter	ils sont montés		they went up
entrer	ils sont entrés		they entered

b) reflexive verbs

se laver	il s'est lavé		he washed
se réveiller	elle s'est réveillée		she woke up
se lever	elle s'est levée		she got up
s'habiller	elle s'est habillée		she got dressed
s'asseoir	Delphine s'est assise		Delphine sat down
se plaindre	elle s'est plainte		she complained
se retrouver	elle s'est retrouvée		she found herself (suddenly)

2. Les adverbes (Adverbs)

vrai	true, real	vraiment	really
poli	polite	poliment	politely
rapide	quick, fast	rapidement	quickly, fast
directe	direct	directement	directly
immédiat	immediate	immédiatement	immediately
seul	alone	seulement	only
simple	simple	simplement	simply

3. La négation

Il **ne** m'aime **pas**.	He does **not** like me.
Ce **n'**est **pas** vrai.	That's **not** true.
Il **ne** prépare **jamais** le café.	He **never** prepares the coffee.
Elle **n'**a **rien** dit.	She did **not** say **anything**.
Il **ne** porte **ni** costume **ni** cravate.	He is wearing **neither** a suit **nor** a tie.
Il **ne** prépare **pas** le café **non plus**.	He does **not** prepare the coffee, **either**.

Delphine se réveille. Elle s'assoit dans son lit et rit.
Delphine wakes up. She sits up on her bed and laughs.

Elle a fait un rêve vraiment bizarre.
She had a really strange dream.

Dans son rêve, elle s'est réveillée très tôt le matin.
In her dream, she woke up very early in the morning.

Elle s'est levée et elle est allée dans la salle de bains pour se laver.
She got up and went to the bathroom to wash.

Elle est descendue les escaliers et elle a mangé son petit déjeuner.
She went down the stairs, and she ate her breakfast.

Puis, elle s'est habillée et elle est sortie de la maison.
Then she got dressed and left the house.

Elle est allée à la Gare de Lyon en bus pour aller chercher Minou.

She went to the Gare de Lyon station by bus to pick Minou up.

Là, elle a attendu un peu sur le quai numéro 5.
She waited a little on platform 5.

Le train est arrivé et Minou est descendu.
The train arrived and Minou got off.

Il était vêtu d'un costume noir et d'une cravate rouge.
He was dressed in a black suit and a red tie.

Il l'a salué très poliment et l'a suivi jusqu'aux taxis.
He greeted her very politely and followed her to the taxis.

Ils sont rentrés rapidement à la maison en taxi.
They returned home quickly by taxi.

Ils sont montés les marches jusqu'à la porte d'entrée.
They went up the steps to the front door.

Delphine a ouvert la porte à clé, et ils sont entrés.
Delphine unlocked the door and they entered.

Minou est allé directement dans la cuisine et il s'est lavé les mains.
Minou went directly into the kitchen and washed his hands.

Il a préparé le café et Delphine s'est assise à la table de la cuisine.
He prepared the coffee and Delphine sat down at the kitchen table.

Minou a servi le café et puis il est parti au bureau immédiatement.
Minou served the coffee, and then he left for the office immediately.

Tout à coup sa mère est arrivée.
Suddenly, her mother arrived.

Elle s'est assise à table avec Delphine et elle s'est plainte :
She sat down at the table with Delphine and complained:

« Minou ne prépare jamais le café pour moi.
"Minou never prepares coffee for me.

Je crois qu'il ne m'aime pas. »
I think he doesn't like me."

« Ce n'est pas vrai. » Delphine lui ai dit.

"That's not true." Delphine said to her.

« Il t'aime bien, mais il ne pense pas.
"He likes you, but he doesn't think.

Après tout, il est seulement un chat. »
After all, he is only a cat."

Puis elle s'est retrouvée dans son bureau.
Then she was suddenly in her office.

Il y avait beaucoup de papiers à côté de son ordinateur.
There were a lot of papers next to her computer.

Son patron est entré et lui a dit :
Her boss came in and said to her:

« Pourquoi vous n'avez pas fait votre travail ? »
"Why have you not done your work?"

Delphine l'a regardé.
Delphine looked at him.

Elle n'a rien dit. Elle s'est retournée, et elle est sortie du bureau.
She didn't say anything. She turned around and left the office.

Puis elle s'est réveillée.

Then she woke up.

Delphine rit à la mémoire du rêve.
Delphine laughs at the memory of the dream.

C'était tellement bizarre.
It was so strange.

Elle se lève, se lave le visage et descend les escaliers.
She gets up, washes her face and goes down the stairs.

Minou vient dans la cuisine.
Minou comes into the kitchen.

Il dit : « Miaou. » simplement, avec sa voix normale de chat.
He says: "Meow." simply, with his normal cat voice.

Delphine sait que ça veut dire « Bonjour, Delphine.
Delphine knows that this means "Good morning, Delphine.

Je voudrais mon petit déjeuner, s'il te plaît. »
I would like my breakfast, please."

parce qu'il est un chat très poli.
because he is a very polite cat.

Mais il ne porte ni costume noir ni cravate rouge.
But he is wearing neither a black suit nor a red tie.

Et il ne lui prépare pas le café non plus.
And he doesn't prepare the coffee either.

Après tout, il est seulement un chat !
After all, he is only a cat!

13. Kevin

Key Vocabulary:

demain	tomorrow
le rendez-vous	the appointment, meeting, date
cependant	however
quelques jours	a few days
lui-même	himself
malade	ill
l'équipe	the team
le temps	the time
à bientôt	see you soon
déçu	disappointed
la copine	the girlfriend, female friend
le copain	boyfriend, male friend
amusant	entertaining, amusing
toute la soirée	all evening
tous les deux	both
sûrement	most likely, certainly

Verbes : / **Verbs:**

recevoir, elle reçoit	to receive
être désolé	to be sorry
pouvoir, je peux	to be able to
devoir, je dois	to have to
appeler	to call, to phone
finir par	to end up doing
envoyer	to send
voyager	to travel
gravir	to climb (a mountain or slope)

Structures:

<u>Le passé composé des verbes en -ir, -oir, -re etc.</u>
(The present perfect of the verbs in -ir, -oir, -re etc.)

devoir	j'ai dû	I had to
vouloir	il a voulu	he wanted
pouvoir	j'ai pu	I could, I was able to
voir	ils ont vu	they saw
avoir	j'ai eu	I had
connaître	elle a connu	she met
venir	il est venu	he came
finir	j'ai fini	I finished
partir	je suis parti	I left
dire	il a dit	he said
prendre	j'ai pris	I took

<u>Les phrases avec deux verbes (sentences with two verbs</u>

je ne peux pas aller	I can't go
je ne peux pas t'appeler	I can't call you
je n'ai pas pu téléphoner	I couldn't phone
je dois faire	I must do, I have to do
j'ai dû aller	I had to go
Mon patron a voulu aller	My boss wanted to go
J'ai voulu t'appeler	I wanted to call you
Elle aime bien aller	She likes going

Le pronom « y »

Il y a un festival	**There is** a festival
Elle a connu Kevin **il y a** trois mois	She met Kevin three months **ago**
Il a voulu **y** aller	He wanted to go **there**
Le signal **y** était mauvais	The signal was bad **there**

C'est vendredi matin. Delphine est au bureau.
Elle est contente.
*It is Friday morning. Delphine is at the office.
She is happy.*

Demain soir, elle a rendez-vous avec Kevin pour aller au cinéma.
Tomorrow night she is meeting up with Kevin to go to the cinema.

Ils vont voir une comédie. Delphine aime bien les comédies.
They are going to see a comedy. Delphine likes comedies.

Vers onze heures, cependant, elle reçoit un e-mail qui dit :
Around eleven o'clock, however, she receives an e-mail that says:

« Salut Delphine,
"Hello Delphine,

Je suis vraiment désolé, mais je ne peux pas aller au cinéma avec toi demain.
I am really sorry, but I can't go to the cinema with you tomorrow.

J'ai dû aller à Marseille pour quelques jours.
I had to go to Marseille for a few days.

Il y a un festival de musique électronique et je dois faire un reportage.
There is a festival for electronic music and I have to do a report.

Mon patron a voulu y aller lui-même, mais il est malade.
My boss wanted to go himself, but he is ill.

Alors, il m'a appelé hier soir à onze heures et m'a dit qu'il pense que je suis
So, he called me last night at eleven o'clock and told me that he thinks I am

le meilleur journaliste de son équipe pour faire ce travail à sa place.
the best journalist in his team to do this job in his place.

J'ai voulu t'appeler ce matin, mais je n'ai pas eu le temps.
I wanted to call you this morning, but I didn't have time.

Je suis parti très tôt et j'ai pris le train à sept heures et quart.
I left very early and I caught the train at quarter past seven.

Sur le train, je n'ai pas pu téléphoner non plus parce que le signal y était vraiment mauvais.
On the train, I couldn't phone you either because the signal was really bad there.

J'ai fini par t'envoyer ce mail parce que je sais que je ne peux pas t'appeler au bureau.
I ended up sending you this e-mail because I know that I can't phone you at the office.

Je vais être de retour mardi soir et je vais t'appeler. A bientôt. Kevin »
I'm going to be back on Tuesday night and I'll ring you. See you soon. Kevin."

Delphine est déçue. Elle a voulu voir ce film avec Kevin.
Delphine is disappointed. She wanted to see this film with Kevin.

Elle aime bien aller au cinéma avec lui.
She likes going to the cinema with him.

Il est gentil et, comme elle, il aime voir les comédies.
He is nice and, like herself, he likes to see comedies.

Le film qu'ils ont voulu voir, s'appelle « La Vache ».

The film they wanted to watch is called "The cow".

Il raconte l'histoire d'un paysan Algérien qui voyage à Paris avec sa vache Jacqueline.
It tells the story of an Algerian farmer who travels to Paris with his cow Jacqueline.

Il traverse toute la France à pied pour aller au Salon de l'Agriculture à la Porte de Versailles.
He crosses the whole of France on foot to go to the Agricultural Fair at the Porte de Versailles.

Il y a deux semaines ils ont vu « L'Ascension », l'histoire d'un jeune homme
Two weeks ago, they watched "The ascent", the story of a young man

qui a gravi le Mont Everest pour montrer à sa copine combien il l'aime.
who climbed Mount Everest to show his girlfriend how much he loves her.

C'était vraiment amusant.
It was really entertaining.

Delphine a connu Kevin il y a trois mois à une fête chez sa copine Inès.

Delphine met Kevin three months ago at her friend Inès' party.

Il est venu à la fête parce qu'il est un copain du frère d'Inès.
He came to the party because he is a friend of Inès' brother.

Ils ont parlé toute la soirée.
They talked all evening.

A la fin de la fête, ils ont décidé de se revoir.
At the end of the party, they decided to meet again.

Ils s'entendent très bien.
They get on very well.

Ils aiment la même musique et les mêmes films.
They like the same music and the same films.

Tous les deux, ils adorent les animaux.
They both love animals.

Et en été, ils préfèrent aller où il fait chaud.
And in the summer, they prefer to go somewhere, where it is warm.

Ils ne vont pas aller au cinéma ensemble ce samedi, mais sûrement samedi prochain.

They are not going to go to the cinema together this Saturday, but most likely next Saturday.

14. Au restaurant

Key Vocabulary:

le quartier	the quarter, district (in city)
la carte	the menu
l'entrée	the starter
le saumon fumé	the smoked salmon
l'oignon	the onion
le plat principal	the main dish
le poulet	the chicken
les pommes de terre	the potatoes
les haricots verts	the green beans
le filet de bœuf	the beef fillet
les pommes frites	the French fries
délicieux	delicious
savoureux	tasty
tendre	tender
le journal	the newspaper
le cours de français	the French lesson
le patinage sur glace	the ice skating
la copine	the female friend
malade	ill
l'addition	the bill

Verbes : / Verbs:

choisir	to choose
préférer	to prefer
écrire	to write
apporter	to bring
savoir, nous savons	to know, we know
revenir	to come back
demander	to ask for

Structures:

ce saumon	this salmon (masculine)
cette soupe	this soup (feminine)
ces frites	these fries (plural)
au restaurant	**at** the restaurant
au premier étage	**on** the first floor
à Grenoble	**in** Grenoble
derrière l'église	**behind** the church
dans le quartier	**in** the quarter
dans le sud de la France	**in** the south of France
à côté de la fenêtre	**next to** the window
sur toast	**on** toast
sur la Seine	**on** the Seine river
le long du fleuve	**along** the river
je voudrais	I would like
tu voudrais	you would like
Kevin voudrait	Kevin would like
nous voudrions	we would like
vous voudriez	you (all) would like
ils voudraient	they would like

Delphine est au restaurant avec Kevin.
Delphine is at a restaurant with Kevin.

C'est un petit restaurant dans le quartier de Saint Germain,
It is a small restaurant in the St Germain quarter.

derrière l'église de Saint-Germain-des-Prés.
behind the church of Saint-Germain-des-Prés

Ils ont une table au premier étage, à côté de la fenêtre.
They have a table on the first floor, next to the window.

Le serveur leur porte la carte.
The waiter brings them the menu.

Delphine a envie d'une entrée.
Delphine fancies a starter.

« Je voudrais d'abord du saumon fumé sur toast. »
"First, I would like smoked salmon on toast."

Kevin prend la soupe gratinée à l'oignon.
Kevin takes the French onion soup.

« Qu'est-ce que tu voudrais comme plat principal ? »

"What would you like as a main course?"

« Je prends le poulet rôti avec des pommes de terre et des haricots verts. »
"I'll have the roast chicken with potatoes and green beans."

Kevin voudrait le filet de bœuf à la sauce béarnaise avec des pommes frites et de la salade.
Kevin would like the beef fillet with béarnaise sauce with fries and salad.

« Monsieur, s'il vous plaît ! Nous voudrions commander. »
"Waiter, please! We would like to order."

Le serveur arrive et Delphine et Kevin commandent leur repas.
The waiter arrives, and Delphine and Kevin order their meal.

Le serveur demande : « Qu'est-ce que vous voudriez boire ? »
The waiter asks: "What would you like to drink?"

« Nous voudrions une bouteille de vin rouge, s'il vous plaît. »
"We would like a bottle of red wine, please."

Ils voudraient aussi une carafe d'eau.
They would also like a carafe of water.

« C'est un joli restaurant. » dit Delphine.
"This is a lovely restaurant." says Delphine.

« Oui, et on y mange très bien. »
"Yes, and the food is very good here."

Ils parlent de leur travail.
They talk about their work.

Kevin est journaliste. C'est un travail très intéressant.
Kevin is a journalist. That's a very interesting job.

Il fait un reportage sur les Bateaux Mouches.
He is writing a reporte about the Bateaux Mouches.

Ce sont des bateaux touristiques sur la Seine qui offrent des croisières commentées
There are tourist boats on the Seine river that offer guided cruises

pour voir tous les monuments de Paris le long du fleuve.
to see all the monuments of Paris along the river.

Le serveur apporte l'entrée.
The waiter brings the starter.

« Ce saumon est délicieux. » dit Delphine.
"The salmon is delicious." says Delphine.

« Cette soupe est très bonne aussi. » dit Kevin.
"The soup is also very good." says Kevin.

Ils parlent des leurs animaux.
They talk about their pets.

Nous savons déjà que Delphine a un chat et un poisson rouge.
We already know that Delphine has a cat and a goldfish.

Kevin a un grand chien, un labrador noir.
Kevin has a big dog, a black labrador.

Kevin fait de longues promenades dans le Bois de Boulogne avec son chien Bruno.
Kevin goes on long walks in the Bois de Boulogne with his dog Bruno.

Il invite Delphine à venir avec lui dimanche prochain.

He invites Delphine to come with him next Sunday.

Le serveur apporte le plat principal.
The waiter brings the main course.

« Ce poulet est savoureux. » dit Delphine.
"This chicken is tasty." says Delphine.

« Ce filet est très tendre. Et ces frites sont parfaites. » dit Kevin.
"This fillet is very tender. And these fries are perfect." says Kevin.

Ils parlent de leurs familles.
They talk about their families.

Nous savons déjà que Delphine a un frère et une sœur.
We know already that Delphine has a brother and a sister.

Ils habitent dans le sud de la France.
They live in southern France.

Elle a aussi deux nièces et un neveu.
She has also two nieces and a nephew.

Ses parents habitent dans le sud-est de la France, à Grenoble.

Her parents live in the south-east of France, in Grenoble.

Kevin n'a pas de frères ou sœurs. Il est fils unique.
Kevin doesn't have any brothers or sister. He is an only son.

Ses parents habitent dans la banlieue parisienne, à Sèvres.
His parents live in the outskirts of Paris, in Sèvres.

Le serveur revient et demande s'ils veulent un dessert.
The waiter comes back and asks if they want a dessert.

Il leur apporte la carte des desserts.
He brings them the dessert menu.

Delphine choisit une crème brulée.
Delphine chooses a crème brulée.

Kevin voudrait une mousse au chocolat.
Kevin would like a chocolate mousse.

Puis ils parlent de la semaine passée.
Then they talk about last week.

Kevin est allé à la Foire de la Maison à la Porte de Versailles.
Kevin went to the House and Home Fair at the Porte de Versailles.

Il a écrit un article pour son journal.
He wrote an article for his newspaper.

Il ne s'intéresse pas beaucoup à la décoration de la maison, mais quand on est journaliste,
He is not very interested in home decoration, but when you are a journalist,

on ne peut pas toujours choisir sur quoi on écrit.
you can't always choose what you write about.

Il a aussi donné des cours de français à un couple américain
He also gave French lessons to an American couple

qui habite dans le dix-septième arrondissement.
who live in the seventeenth arrondissement.

Ils sont très riches et très gentils.
They are very rich and very nice.

Le serveur apporte les desserts.
The waiter brings the desserts.

Pendant qu'ils mangent, Delphine parle de ce qu'elle a fait cette semaine.
While they are eating, Delphine talks about what she did this week.

Bien sûr, elle a travaillé au bureau tous les jours.
Of course, she worked in the office every day.

Lundi soir, elle est allée au club de gym comme d'habitude.
On Monday night, she went to the gym club as usual.

Mercredi soir elle est allée faire du patinage sur glace avec une copine.
On Wednesday she went ice skating with a friend.

Elles se sont bien amusées.
They had a lot of fun.

Il n'y avait pas de classe d'espagnol jeudi parce que le prof était malade.
There was no Spanish class on Thursday because the teacher was ill.

Après les desserts, ils prennent un café.
After the desserts they have a coffee.

Puis Kevin demande l'addition et paie.

Then Kevin asks for the bill and pays.

Ils ont passé une soirée très agréable.
They have spent a very pleasant evening.

Made in the USA
Middletown, DE
16 September 2018